VEINTE POEMAS DE AMOR
Y UNA CANCIÓN DESESPERADA

*pehuén
poesía*

© Herederos de Pablo Neruda y Fundación Pablo Neruda
© Pehuén Editores, 1992
   María Luisa Santander 537, Providencia, Santiago
   Fono: (56-2) 225 62 64 - 204 93 99
   epehuen@entelchile.net
   www.pehuen.cl

Inscripción Nº 5.904, 1938
ISBN 956-16-0279-7

Fotografía Pablo Neruda en portada, propiedad de Bernardo Reyes de
su archivo privado

Primera edición, 1992
Séptima edición, mayo de 2005

Diseño y diagramación
Pehuén Editores

Impresión
Imprenta Salesianos S.A.

IMPRESO EN CHILE / PRINTED IN CHILE

PABLO NERUDA

Veinte poemas de amor y una canción desesperada

Prólogo de
Edmundo Concha

Epílogo de
Héctor I. Eandi

Ilustraciones de
Arístide Maillol

pehuén

INDICE

Prólogo[1]

Cuando Pablo Neruda publicó su segundo libro, *Veinte poemas de amor y una canción desesperada*, en 1923, era un joven de 20 años, flaco, tímido, soñador. El aplauso de la crítica no se hizo esperar. Se comprobó entonces que en Chile también un poeta podía crear "un escalofrío nuevo".

Hoy, cuando se entrega la edición número 92 de ese libro romántico y postmodernista, el cuerpo de su autor yace bajo tierra, no así su poesía que sigue volando por todos los cielos.

Su inicio literario lo había hecho en 1917 en el diario *La Mañana* de Temuco y después, en 1921, en la revista *Claridad*, órgano de la Federación de Estudiantes.

Poeta fecundo, a lo largo de su ascendente trayectoria publicó 49 libros, muchos de ellos reeditados en otros países y traducidos a 35 idiomas, lo cual da la medida de la resonancia de su inspiración.

Pablo Neruda, o Neftalí Reyes Basoalto en lo civil, nació en Parral el 12 de julio de 1904, estudió humanidades en el liceo de Temuco, tiempo en que Gabriela Mistral guiaba sus lecturas, e ingresó en 1921 al Instituto Pedagógico en la asignatura de francés, estudios que no concluyó, pues lo absorbió la agridulce bohemia santiaguina. Cuando tenía 23 años y carecía de trabajo, el gobierno lo enroló en el servicio diplomático, en el cual, con intervalos, permaneció 3 lustros y en cuyo transcurso conoció parte de Asia y varios países europeos.

Cuando ejercía el cargo de cónsul en España en la década del 30, los poetas de la generación del 27 le rindieron un significativo

---

1 Prólogo a la edición conmemorativa del Quinto Centenario del Descubrimiento de América, en 1992.

homenaje. Federico García Lorca dijo: "Un poeta más cerca de la muerte que de la filosofía; más cerca del dolor que de la inteligencia; más cerca de la sangre que de la tinta".

Pablo Neruda regresó a Chile en 1932 y continuó publicando libro tras libro con una fecundidad inusual en los poetas. En la década siguiente incursionó en la política, fue senador y por sus ideas rojas, deportado por un Presidente alérgico al sentimiento de la gratitud.

Viajó con frecuencia por casi todos los continentes y en 1971-72 fue embajador en Francia. Se casó tres veces. En 1971 recibió el Premio Nobel, ocasión en que expresó: "Yo vengo de una obscura provincia, de un país separado de todos los otros por la tajante geografía. Fui el más abandonado de los poetas y mi poesía fue regional, dolorosa y lluviosa. Pero tuve siempre confianza en el hombre. No perdí jamás la esperanza. Por eso tal vez he llegado hasta aquí con mi poesía, y también con mi bandera".

El poeta falleció el 23 de septiembre de 1973, en los comienzos de esa noche, la más obscura de la historia de Chile, que iba a durar 17 años.

El ciclo de su poesía, igual que el de la naturaleza, a la que tanto se asemeja, pasa por 4 estaciones distintas.

La primera, su "época azul", está en *Crepusculario* (1923) y en *Veinte poemas de amor y una canción desesperada* (1924). En ella el poeta es un sentimental que expone sus propias cuitas, los arranques de su sensibilidad, el *spleen* prematuro que le provoca la soledad provinciana. Es un romántico que vive menos en la realidad que en el ensueño. Sus temas son diversos, con predominio del amor platónico, la melancolía, el paisaje. Su expresión, sujeta en parte a la métrica tradicional, es clara, directa, nunca caracoleada.

La segunda etapa está contenida especialmente en *Residencia en la tierra* (1933), confesión escrita cuando el autor se contacta con otras latitudes, otras personas, otros idiomas. Ahí, en Rangún, en Ceylán, en Java, experimenta una nueva dimensión de la soledad, de índole metafísica. Su poesía cambia. El poeta ya no es un sujeto condolido por sus pesares personales, dado a los requiebros bajo la noche estrellada, inserto en un medio primitivo donde el viento y la lluvia son elementos predominantes. Su poesía, ahora voz de sus sentidos más que de su conciencia, es múltiple, intuitiva y desintegradora de la realidad en la rebusca de sus raíces, en tanto que su lenguaje es consiguientemente obscuro e incoherente. ¿Cómo hubiera podido, con palabras en orden, traducir el caos de los últimos estratos? El vate, sin ningún norte preestablecido por la razón, se entrega a los dictados de la pura sensibilidad y, cual un médium, compone una poesía extravertida, visceral, panteísta hasta articular una cosmovisión no exenta de angustia existencial. Con elementos oníricos, con aportes del subconsciente, ella no pretende ser "bonita" sino una nueva versión menos superficial de los temas del hombre.

"La poesía extingue la idea. Toda idea la mata". Jean Cocteau.

La tercera parte corresponde a la aurora que sigue después de la noche. En ella el poeta irrumpe sobre el tablado social enarbolando vistosas banderas partidistas, con sus libros *Canto general* (1950), *Las uvas y el viento* (1954) y *Canción de gesta* (1960). Su poesía asume posiciones más concretas, hasta llegar al compromiso político, no ajeno al cartel y a la diatriba.

Y el cuarto período abarca *Odas elementales* (1954), *Estravagario* (1958) y *Navegaciones y destierros* (1959). Ellas suponen el eterno retorno del hombre. Pablo Neruda, el proteico, tal vez harto de abstracciones y de utopías, vuelve a inspirarse en los valores concretos, tales como una fruta, un árbol, una piedra. Dijérase que otra vez se hace luz en su camino y, aunque suele descender al prosaísmo, en poemas que son meras crónicas descriptivas, su poesía, a golpe de instinto, va despertándole nuevas significaciones a los viejos y gastados materiales de la tierra. Ha superado ya su romántica tristeza de poeta ensimismado y ahora es un ciudadano abierto, extravertido, fáustico. Lejos están ya el caos, las honduras y las trizaduras, el alud de metáforas; ahora todo es más simple y al alcance de la mano.

Ninguna de estas etapas constituye compartimiento estanco, con límites rígidos. Cada una de ellas, a fuer de organismo vivo y no de mecanismo, se topa con sus extremos en las otras y a veces hasta las desborda.

Alone ha visto así este fenómeno poético: "Algo había latente en las palabras, es decir en los seres, en las cosas, en el espíritu, en la materia, sólo accesibles al conocimiento racional por mediación de las palabras, algo oculto palpitaba que, en cuanto él tocó unos resortes, ha salido a la luz. Se puede escribir de otra manera que Neruda después de él; pero no se puede escribir como antes de él. Los demás golpeaban, a veces con furia, a una determinada puerta. El la abrió. Y ya no cabe cerrarla".

En general esa poesía en ninguna estación pierde su capacidad de asombro y es voz desconcertada de un Adán redivivo, no encubierta todavía por las máscaras de la cultura, en pos de un reencuentro con los elementos naturales, como la lluvia, el viento, el mar, la madera, la mujer. De ahí la persistencia de estos elementos al punto de que Gabriela Mistral calificó a su autor de "místico de la materia". En esta simbiosis hombre-naturaleza influyen probablemente la infancia y el ambiente en que se crió el poeta, la Frontera, zona que entonces conservaba intacta su virgen textura.

En mucha de la poesía nerudiana está implícito un fuerte afán de trascendencia que busca una salida verbal a una tristeza congénita e irremediable, sobrecargada de recuerdos y en la cual a veces pareciera identificarse el dolor de todo un continente históricamente preterido.

Al margen de estas virtudes poéticas y casi ontológicas, el poeta también exhibe otra de índole moral: su acendrado amor a Chile. Sin perjuicio de ser un ciudadano del mundo, pocos como él han cantado a su patria con tan vívida pasión. Todas las zonas del territorio nacional, el desierto, los valles centrales, y su boscoso y húmedo sur, han sido exaltados en su poesía, exaltación que se ha extendido a los hombres anónimos o próceres que han forjado nuestra historia. Con ello el poeta ha lanzado el nombre de Chile cual un aerolito que en el espacio universal "gira en el cielo y canta".

En un discurso en la Universidad de Chile en 1962 expresó: "Mi libro más grande, más extenso, ha sido este libro que llamamos Chile. Nunca he dejado de amar la patria, nunca he separado mis ojos del largo territorio".

¿Cuál es, en suma, el aporte de Pablo Neruda a la poesía? Antes de su aparición, ella se parecía a Ulises: era prudente, formal, con las manos amarradas. El inaugura una mayor libertad poética en los temas y en la expresión y, de esa manera, junto con crear un estilo que tiene imitadores y seguidores en todos los espacios del habla castellana, ha logrado conmover, con vista a una nueva sublimación, los contrapuestos valores del alma humana, tanto en el nivel epopéyico como en el nivel cotidiano.

Edmundo Concha
Santiago, enero de 1992.

11

Poema 1

Cuerpo de mujer, blancas colinas, muslos blancos,
te pareces al mundo en tu actitud de entrega.
Mi cuerpo de labriego salvaje te socava
y hace saltar el hijo del fondo de la tierra.

Fui solo como un túnel. De mí huían los pájaros
y en mí la noche entraba su invasión poderosa.
Para sobrevivirme te forjé como un arma,
como una flecha en mi arco, como una piedra en mi
      honda.

Pero cae la hora de la venganza, y te amo.
Cuerpo de piel, de musgo, de leche ávida y firme.
Ah los vasos del pecho! Ah los ojos de ausencia!
Ah las rosas del pubis! Ah tu voz lenta y triste!

Cuerpo de mujer mía, persistiré en tu gracia.
Mi sed, mi ansia sin límite, mi camino indeciso!
Oscuros cauces donde la sed eterna sigue,
y la fatiga sigue, y el dolor infinito.

Se ha indicado explícitamente con la palabra *Poema* a cada uno de los
incluidos en la presente edición, de acuerdo con la costumbre generali-
zada de referirse a ellos, aunque la obra original sólo contemplara el
número (N. del E.).

Poema 2

En su llama mortal la luz te envuelve.
Absorta, pálida doliente, así situada
contra las viejas hélices del crepúsculo
que en torno a ti da vueltas.

Muda, mi amiga,
sola en lo solitario de esta hora de muertes
y llena de las vidas del fuego,
pura heredera del día destruido.

Del sol cae un racimo en tu vestido oscuro.
De la noche las grandes raíces
crecen de súbito desde tu alma,
y a lo exterior regresan las cosas en ti ocultas,
de modo que un pueblo pálido y azul
de ti recién nacido se alimenta.

Oh grandiosa y fecunda y magnética esclava
del círculo que en negro y dorado sucede:
erguida, trata y logra una creación tan viva
que sucumben sus flores, y llena es de tristeza.

Poema 3

Ah vastedad de pinos, rumor de olas quebrándose,
lento juego de luces, campana solitaria,
crepúsculo cayendo en tus ojos, muñeca,
caracola terrestre, en ti la tierra canta!

En ti los ríos cantan y mi alma en ellos huye
como tú lo desees y hacia donde tú quieras.
Márcame mi camino en tu arco de esperanza
y soltaré en delirio mi bandada de flechas.

En torno a mí estoy viendo tu cintura de niebla
y tu silencio acosa mis horas perseguidas,
y eres tú con tus brazos de piedra transparente
donde mis besos anclan y mi húmeda ansia anida.

Ah tu voz misteriosa que el amor tiñe y dobla
en el atardecer resonante y muriendo!
Así en horas profundas sobre los campos he visto
doblarse las espigas en la boca del viento.

Poema 4

Es la mañana llena de tempestad
en el corazón del verano.

Como pañuelos blancos de adiós viajan las nubes,
el viento las sacude con sus viajeras manos.

Innumerable corazón del viento
latiendo sobre nuestro silencio enamorado.

Zumbando entre los árboles, orquestal y divino,
como una lengua de guerras y de cantos.

Viento que lleva en rápido robo la hojarasca
y desvía las flechas latientes de los pájaros.

Viento que la derriba en ola sin espuma
y sustancia sin peso, y fuegos inclinados.

Se rompe y se sumerge su volumen de besos
combatido en la puerta del viento del verano.

Poema 5

Para que tú me oigas
mis palabras
se adelgazan a veces
como las huellas de las gaviotas en las playas.

Collar, cascabel ebrio
para tus manos suaves como las uvas.

Y las miro lejanas mis palabras.
Más que mías son tuyas.
Van trepando en mi viejo dolor como las yedras.

Ellas trepan así por las paredes húmedas.
Eres tú la culpable de este juego sangriento.

Ellas están huyendo de mi guarida oscura.
Todo lo llenas tú, todo lo llenas.

Antes que tú poblaron la soledad que ocupas,
y están acostumbradas más que tú a mi tristeza.

Ahora quiero que digan lo que quiero decirte
para que tú las oigas como quiero que me oigas.

El viento de la angustia aún las suele arrastrar.
Huracanes de sueños aún a veces las tumban.
Escuchas otras voces en mi voz dolorida.
Llanto de viejas bocas, sangre de viejas súplicas.

Amame, compañera. No me abandones. Sígueme.
Sígueme, compañera, en esa ola de angustia.

Pero se van tiñendo con tu amor mis palabras.
Todo lo ocupas tú, todo lo ocupas.

Voy haciendo de todas un collar infinito
para tus blancas manos, suaves como las uvas.

Poema 6

Te recuerdo como eras en el último otoño.
Eras la boina gris y el corazón en calma.
En tus ojos peleaban las llamas del crepúsculo.
Y las hojas caían en el agua de tu alma.

Apegada a mis brazos como una enredadera,
las hojas recogían tu voz lenta y en calma.
Hoguera de estupor en que mi sed ardía.
Dulce jacinto azul torcido sobre mi alma.

Siento viajar tus ojos y es distante el otoño:
boina gris, voz de pájaro y corazón de casa
hacia donde emigraban mis profundos anhelos
y caían mis besos alegres como brasas.

Cielo desde un navío. Campo desde los cerros.
Tu recuerdo es de luz, de humo, de estanque
            en calma!
Más allá de tus ojos ardían los crepúsculos.
Hojas secas de otoño giraban en tu alma.

Poema 7

Inclinado en las tardes tiro mis tristes redes
a tus ojos oceánicos.

Allí se estira y arde en la más alta hoguera
mi soledad que da vueltas los brazos como un
        náufrago.

Hago rojas señales sobre tus ojos ausentes
que olean como el mar a la orilla de un faro.

Sólo guardas tinieblas, hembra distante y mía,
de tu mirada emerge a veces la costa del espanto.

Inclinado en las tardes echo mis tristes redes
a ese mar que sacude tus ojos oceánicos.

Los pájaros nocturnos picotean las primeras estrellas
que centellean como mi alma cuando te amo.

Galopa la noche en su yegua sombría
desparramando espigas azules sobre el campo.

Poema 8

Abeja blanca zumbas —ebria de miel— en mi alma
y te tuerces en lentas espirales de humo.

Soy el desesperado, la palabra sin ecos,
el que lo perdió todo, y el que todo lo tuvo.

Ultima amarra, cruje en ti mi ansiedad última.
En mi tierra desierta eres la última rosa.

Ah silenciosa!

Cierra tus ojos profundos. Allí aletea la noche.
Ah desnuda tu cuerpo de estatua temerosa.

Tienes ojos profundos donde la noche alea.
Frescos brazos de flor y regazo de rosa.

Se parecen tus senos a los caracoles blancos.
Ha venido a dormirse en tu vientre una mariposa
            de sombra.

Ah silenciosa!

He aquí la soledad de donde estás ausente.
Llueve. El viento del mar caza errantes gaviotas.

El agua anda descalza por las calles mojadas.
De aquel árbol se quejan, como enfermos, las hojas.

Abeja blanca, ausente, aún zumbas en mi alma.
Revives en el tiempo, delgada y silenciosa.

Ah silenciosa!

Poema 9

Ebrio de trementina y largos besos,
estival, el velero de las rosas dirijo,
torcido hacia la muerte del delgado día,
cimentado en el sólido frenesí marino.

Pálido y amarrado a mi agua devorante
cruzo en el agrio olor del clima descubierto,
aún vestido de gris y sonidos amargos,
y una cimera triste de abandonada espuma.

Voy, duro de pasiones, montado en mi ola única,
lunar, solar, ardiente y frío, repentino,
dormido en la garganta de las afortunadas
islas blancas y dulces como caderas frescas.

Tiembla en la noche húmeda mi vestido de besos
locamente cargado de eléctricas gestiones,
de modo heroico dividido en sueños
y embriagadoras rosas practicándose en mí.

Aguas arriba, en medio de las olas externas,
tu paralelo cuerpo se sujeta en mis brazos
como un pez infinitamente pegado a mi alma
rápido y lento en la energía subceleste.

Poema 10

Hemos perdido aun este crepúsculo.
Nadie nos vio esta tarde con las manos unidas
mientras la noche azul caía sobre el mundo.

He visto desde mi ventana
la fiesta del poniente en los cerros lejanos.

A veces como una moneda
se encendía un pedazo de sol entre mis manos.

Yo te recordaba con el alma apretada
de esa tristeza que tú me conoces.

Entonces, dónde estabas?
Entre qué genes?
Diciendo qué palabras?
Por qué se me vendrá todo el amor de golpe
cuando me siento triste, y te siento lejana?

Cayó el libro que siempre se toma en el crepúsculo,
y como un perro herido rodó a mis pies mi capa.

Siempre, siempre te alejas en las tardes
hacia donde el crepúsculo corre borrando estatuas.

Poema 11

Casi fuera del cielo ancla entre dos montañas
la mitad de la luna.
Girante, errante noche, la cavadora de ojos.
A ver cuántas estrellas trizadas en la charca.

Hace una cruz de luto entre mis cejas, huye.
Fragua de metales azules, noches de las calladas luchas,
mi corazón da vueltas como un volante loco.
Niña venida de tan lejos, traída de tan lejos,
a veces fulgurece su mirada debajo del cielo.
Quejumbre, tempestad, remolino de furia,
cruza encima de mi corazón, sin detenerte.
Viento de los sepulcros acarrea, destroza, dispersa
             tu raíz soñolienta.
Desarraiga los grandes árboles al otro lado de ella.
Pero tú, clara niña, pregunta de humo, espiga.
Era la que iba formando el viento con hojas
             iluminadas.
Detrás de las montañas nocturnas, blanco lirio de
             incendio,
ah nada puedo decir! Era hecha de todas las cosas.
Ansiedad que partiste mi pecho a cuchillazos,
es hora de seguir otro camino, donde ella no sonría.
Tempestad que enterró las campanas, turbio revuelo
             de tormentas
para qué tocarla ahora, para qué entristecerla.

Ay seguir el camino que se aleja de todo,
donde no esté atajando la angustia, la muerte, el
        invierno,
con sus ojos abiertos entre el rocío.

Poema 12

Para mi corazón basta tu pecho,
para tu libertad bastan mis alas.
Desde mi boca llegará hasta el cielo
lo que estaba dormido sobre tu alma.

Es en ti la ilusión de cada día.
Llegas como el rocío a las corolas.
Socavas el horizonte con tu ausencia.
Eternamente en fuga como la ola.

He dicho que cantabas en el viento
como los pinos y como los mástiles.
Como ellos eres alta y taciturna.
Y entristeces de pronto, como un viaje.

Acogedora como un viejo camino.
Te pueblan ecos y voces nostálgicas.
Yo desperté y a veces emigran y huyen
pájaros que dormían en tu alma.

Poema 13

He ido marcando con cruces de fuego
el atlas blanco de tu cuerpo.
Mi boca era una araña que cruzaba escondiéndose.
En ti, detrás de ti, temerosa, sedienta.

Historias que contarte a la orilla del crepúsculo,
muñeca triste y dulce, para que no estuvieras triste.
Un cisne, un árbol, algo lejano y alegre.
El tiempo de las uvas, el tiempo maduro y frutal.

Yo que viví en un puerto desde donde te amaba.
La soledad cruzada de sueño y de silencio.
Acorralado entre el mar y la tristeza.
Callado, delirante, entre dos gondoleros inmóviles.

Entre los labios y la voz, algo se va muriendo.
Algo con alas de pájaro, algo de angustia y de olvido.
Así como las redes no retienen el agua.
Muñeca mía, apenas quedan gotas temblando.
Sin embargo, algo canta entre estas palabras fugaces.
Algo canta, algo sube hasta mi ávida boca.
Oh poder celebrarte con todas las palabras de alegría.
Cantar, arder, huir, como un campanario en las manos
          de un loco.
Triste ternura mía, qué te haces de repente?
Cuando he llegado al vértice más atrevido y frío
mi corazón se cierra como una flor nocturna.

Poema 14

Juegas todos los días con la luz del universo.
Sutil visitadora, llegas en la flor y en el agua.
Eres más que esta blanca cabecita que aprieto
como un racimo entre mis manos cada día.

A nadie te pareces desde que yo te amo.
Déjame tenderte entre guirnaldas amarillas.
Quién escribe tu nombre con letras de humo entre
          las estrellas del sur?
Ah déjame recordarte cómo eras entonces, cuando
          aún no existías.

De pronto el viento aúlla y golpea mi ventana cerrada.
El cielo es una red cuajada de peces sombríos.
Aquí vienen a dar todos los vientos, todos.
Se desviste la lluvia.

Pasan huyendo los pájaros.
El viento. El viento.
Yo sólo puedo luchar contra la fuerza de los hombres.
El temporal arremolina hojas oscuras
y suelta todas las barcas que anoche amarraron al
          cielo.

Tú estás aquí. Ah tú no huyes.
Tú me responderás hasta el último grito.
Ovíllate a mi lado como si tuvieras miedo.

Sin embargo alguna vez corrió una sombra extraña
        por tus ojos.

Ahora, ahora también, pequeña, me traes madreselvas,
y tienes hasta los senos perfumados.
Mientras el viento triste galopa matando mariposas
yo te amo, y mi alegría muerde tu boca de ciruela.

Cuánto te habrá dolido acostumbrarte a mí,
a mi alma sola y salvaje, a mi nombre que todos
        ahuyentan.
Hemos visto arder tantas veces el lucero besándonos
        los ojos
y sobre nuestras cabezas destorcerse los crepúsculos
        en abanicos girantes.
Mis palabras llovieron sobre ti acariciándote.
Amé desde hace tiempo tu cuerpo de nácar soleado.
Hasta te creo dueña del universo.
Te traeré de las montañas flores alegres, copihues,
avellanas oscuras, y cestas silvestres de besos.

Quiero hacer contigo
lo que la primavera hace con los cerezos.

Poema 15

Me gustas cuando callas porque estás como ausente,
y me oyes desde lejos, y mi voz no te toca.
Parece que los ojos se te hubieran volado
y parece que un beso te cerrara la boca.

Como todas las cosas están llenas de mi alma
emerges de las cosas, llena del alma mía.
Mariposa de sueño, te pareces a mi alma,
y te pareces a la palabra melancolía.

Me gustas cuando callas y estás como distante.
Y estás como quejándote, mariposa en arrullo.
Y me oyes desde lejos, y mi voz no te alcanza:
déjame que me calle con el silencio tuyo.

Déjame que te hable también con tu silencio
claro como una lámpara, simple como un anillo.
Eres como la noche, callada y constelada.
Tu silencio es de estrella, tan lejano y sencillo.

Me gustas cuando callas porque estás como ausente.
Distante y dolorosa como si hubieras muerto.
Una palabra entonces, una sonrisa bastan.
Y estoy alegre, alegre de que no sea cierto.

Poema 16

Paráfrasis a R. Tagore

En mi cielo al crepúsculo eres como una nube
y tu color y forma son como yo los quiero.
Eres mía, eres mía, mujer de labios dulces,
y viven en tu vida mis infinitos sueños.

La lámpara de mi alma te sonrosa los pies,
el agrio vino mío es más dulce en tus labios:
oh segadora de mi canción de atardecer,
cómo te sienten mía mis sueños solitarios!

Eres mía, eres mía, voy gritando en la brisa
de la tarde, y el viento arrastra mi voz viuda.
Cazadora del fondo de mis ojos, tu robo
estanca como el agua tu mirada nocturna.

En la red de mi música estás presa, amor mío,
y mis redes de música son anchas como el cielo.
Mi alma nace a la orilla de tus ojos de luto.
En tus ojos de luto comienza el país del sueño.

Pensando, enredando sombras en la profunda
       soledad.
Tú también estás lejos, ah más lejos que nadie.
Pensando, soltando pájaros, desvaneciendo imágenes,
enterrando lámparas.
Campanario de brumas, qué lejos, allá arriba!
Ahogando lamentos, moliendo esperanzas sombrías,
molinero taciturno,
se te viene de bruces la noche, lejos de la ciudad.

Tu presencia es ajena, extraña a mí como una cosa.
Pienso, camino largamente, mi vida antes de ti.
Mi vida antes de nadie, mi áspera vida.
El grito frente al mar, entre las piedras,
corriendo libre, loco, en el vaho del mar.
La furia triste, el grito, la soledad del mar.
Desbocado, violento, estirado hacia el cielo.

Tú, mujer, qué eras allí, qué raya, qué varilla
de ese abanico inmenso? Estabas lejos como ahora.
Incendio en el bosque! Arde en cruces azules.
Arde, arde, llamea, chispea en árboles de luz.
Se derrumba, crepita. Incendio. Incendio.

Y mi alma baila herida de virutas de fuego.
Quién llama? Qué silencio poblado de ecos?
Hora de la nostalgia, hora de la alegría, hora de la
       soledad,

hora mía entre todas!
Bocina en que el viento pasa cantando.
Tanta pasión de llanto anudada a mi cuerpo.

Sacudida de todas las raíces,
asalto de todas las olas!
Rodaba, alegre, triste, interminable, mi alma.

Pensando, enterrando lámparas en la profunda
          soledad.
Quién eres tú, quién eres?

Aquí te amo.
En los oscuros pinos se desenreda el viento.
Fosforece la luna sobre las aguas errantes.
Andan días iguales persiguiéndose.

Se desciñe la niebla en danzantes figuras.
Una gaviota de plata se descuelga del ocaso.
A veces una vela. Altas, altas estrellas.

O la cruz negra de un barco.
Solo.
A veces amanezco, y hasta mi alma está húmeda.
Suena, resuena el mar lejano.
Este es un puerto.
Aquí te amo.

Aquí te amo y en vano te oculta el horizonte.
Te estoy amando aún entre estas frías cosas.
A veces van mis besos en esos barcos graves,
que corren por el mar hacia donde no llegan.

Ya me veo olvidado como estas viejas anclas.
Son más tristes los muelles cuando atraca la tarde.
Se fatiga mi vida inútilmente hambrienta.
Amo lo que no tengo. Estás tú tan distante.

Mi hastío forcejea con los lentos crepúsculos.
Pero la noche llega y comienza a cantarme.
La luna hace girar su rodaje de sueño.

Me miran con tus ojos las estrellas más grandes.
Y como yo te amo, los pinos en el viento,
quieren cantar tu nombre con sus hojas de alambre.

Poema 19

Niña morena y ágil, el sol que hace las frutas,
el que cuaja los trigos, el que tuerce las algas,
hizo tu cuerpo alegre, tus luminosos ojos
y tu boca que tiene la sonrisa del agua.

Un sol negro y ansioso se te arrolla en las hebras
de la negra melena, cuando estiras los brazos.
Tú juegas con el sol como con un estero
y él te deja en los ojos dos oscuros remansos.

Niña morena y ágil, nada hacia ti me acerca.
Todo de ti me aleja, como del mediodía.
Eres la delirante juventud de la abeja,
la embriaguez de la ola, la fuerza de la espiga.

Mi corazón sombrío te busca, sin embargo,
y amo tu cuerpo alegre, tu voz suelta y delgada.
Mariposa morena dulce y definitiva,
como el trigal y el sol, la amapola y el agua.

Poema 20

Puedo escribir los versos más tristes esta noche.

Escribir, por ejemplo: "La noche está estrellada,
y tiritan, azules, los astros, a lo lejos".

El viento de la noche gira en el cielo y canta.

Puedo escribir los versos más tristes esta noche.
Yo la quise, y a veces ella también me quiso.

En las noches como ésta la tuve entre mis brazos.
La besé tantas veces bajo el cielo infinito.

Ella me quiso, a veces yo también la quería.
Cómo no haber amado sus grandes ojos fijos.

Puedo escribir los versos más tristes esta noche.
Pensar que no la tengo. Sentir que la he perdido.

Oír la noche inmensa, más inmensa sin ella.
Y el verso cae al alma como al pasto el rocío.

Qué importa que mi amor no pueda guardarla.
La noche está estrellada y ella no está conmigo.

Eso es todo. A lo lejos alguien canta. A lo lejos.
Mi alma no se contenta con haberla perdido.

Como para acercarla mi mirada la busca.
Mi corazón la busca, y ella no está conmigo.

La misma noche que hace blanquear los mismos
        árboles.
Nosotros, los de entonces, ya no somos los mismos.

Ya no la quiero, es cierto, pero cuánto la quise.
Mi voz buscaba el viento para tocar su oído.

De otro. Será de otro. Como antes de mis besos.
Su voz, su cuerpo claro. Sus ojos infinitos.

Ya no la quiero, es cierto, pero tal vez la quiero.
Es tan corto el amor, y es tan largo el olvido.

Porque en noches como ésta la tuve entre mis
        brazos,
mi alma no se contenta con haberla perdido.

Aunque éste sea el último dolor que ella me causa,
y éstos sean los últimos versos que yo le escribo.

LA CANCION DESESPERADA

Emerge tu recuerdo de la noche en que estoy.
El río anuda al mar su lamento obstinado.

Abandonado como los muelles en el alba.
Es la hora de partir, oh abandonado!

Sobre mi corazón llueven frías corolas.
Oh sentina de escombros, feroz cueva de náufragos!

En ti se acumularon las guerras y los vuelos.
De ti alzaron las alas los pájaros del canto.

Todo te lo tragaste, como la lejanía.
Como el mar, como el tiempo. Todo en ti fue
        naufragio!

Era la alegre hora del asalto y el beso.
La hora del estupor que ardía como un faro.

Ansiedad de piloto, furia de buzo ciego,
turbia embriaguez de amor, todo en ti fue naufragio!

En la infancia de niebla mi alma alada y herida.
Descubridor perdido, todo en ti fue naufragio!

Te ceñiste al dolor, te agarraste al deseo.
Te tumbó la tristeza, todo en ti fue naufragio!

Hice retroceder la muralla de sombra,
anduve más allá del deseo y del acto.

Oh carne, carne mía, mujer que amé y perdí,
a ti en esta hora húmeda, evoco y hago canto.

Como un vaso albergaste la infinita ternura,
y el infinito olvido te trizó como a un vaso.

Era la negra, negra soledad de las islas,
y allí, mujer de amor, me acogieron tus brazos.

Era la sed y el hambre, y tú fuiste la fruta.
Era el duelo y las ruinas, y tú fuiste el milagro.

Ah mujer, no sé cómo pudiste contenerme
en la tierra de tu alma, y en la cruz de tus brazos!

Mi deseo de ti fue el más terrible y corto,
el más revuelto y ebrio, el más tirante y ávido.

Cementerio de besos, aún hay fuego en tus tumbas,
aún los racimos arden picoteados de pájaros.

Oh la boca mordida, oh los besados miembros,
oh los hambrientos dientes, oh los cuerpos trenzados.

Oh la cópula loca de esperanza y esfuerzo
en que nos anudamos y nos desesperamos.

Y la ternura, leve como el agua y la harina.
Y la palabra apenas comenzada en los labios.

Ese fue mi destino y en él viajó mi anhelo,
y en él cayó mi anhelo, todo en ti fue naufragio!

Oh sentina de escombros, en ti todo caía,
qué dolor no exprimiste, qué olas no te ahogaron.

De tumbo en tumbo aún llameaste y cantaste
de pie como un marino en la proa de un barco.

Aún floreciste en cantos, aún rompiste en corrientes.
Oh sentina de escombros, pozo abierto y amargo.

Pálido buzo ciego, desventurado hondero,
descubridor perdido, todo en ti fue naufragio!

Es la hora de partir, la dura y fría hora
que la noche sujeta a todo horario.

El cinturón ruidoso del mar ciñe la costa.
Surgen frías estrellas, emigran negros pájaros.

Abandonado como los muelles en el alba.
Sólo la sombra trémula se retuerce en mis manos.

Ah más allá de todo. Ah más allá de todo.

Es la hora de partir. Oh abandonado!

Los *Veinte Poemas* de
Pablo Neruda[1]

No conozco en su totalidad la obra poética de Pablo Neruda. Creo, sin embargo –y así lo da a entender por ahí él mismo*– que su producción de verso culmina en *Veinte poemas de amor y una canción desesperada*.[2] Lo anterior ha sido necesariamente tanteo orientador, ascensión trabajosa; lo posterior, dispersión de lo logrado, tentativa de hombre que se siente infinito porque no alcanzó aún a determinar sus propios límites. Pero *Veinte poemas* es un mediodía cuya plenitud no se queda en promesas.

En este libro no se puede andar a corazón lento. Sus senderos imponen un ritmo propio, que va de lo heroico a lo sumiso, en bruscos saltos a veces. A través de la milenaria senda del patetismo amoroso, Neruda ha encontrado un atajo suyo; y ésa es la gloria que le conquista este libro.

Reflejar algo de lo simple y eternamente humano es hazaña que confiere rango de artista. Dar sello propio y particular fisonomía a aquello en que otros se irán encontrando luego es tarea de

---

* "Para mí fue muy difícil aliar esta constante de mi espíritu con una expresión más o menos propia. En mi segundo libro, *Veinte poemas de amor y una canción desesperada*, ya tuve algo de trabajo triunfante." (Pablo Neruda, prólogo de *El habitante y su esperanza*).

---

1 El siguiente es el primer comentario sobre Neruda emitido fuera de Chile. El argentino Héctor Eandi en forma premonitoria vaticinaba la trayectoria del poeta.

Este artículo fue publicado en la revista *Cartel*, Editorial J. Samet, Buenos Aires, diciembre de 1926. A raíz de su publicación se inició la correspondencia.

2 Pablo Neruda, *Veinte poemas de amor y una canción desesperada*, Nascimento, Santiago, junio de 1924.

creadores. Neruda realiza bien ambas cosas.

El verso de este poeta es creador de amplitud. Nace con ímpetu, y abre ante sí el ancho espacio indispensable para la vastedad de su emoción. Su expresión elige el camino de las cosas; y, apenas ha entrado en el verso, ya se aprietan en su derredor las fuerzas y las manifestaciones del mundo:

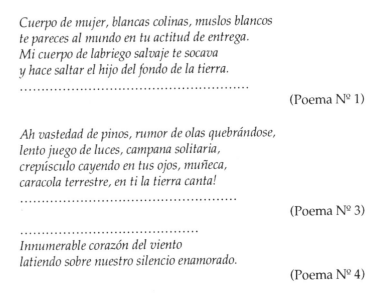

Cuerpo de mujer, blancas colinas, muslos blancos
te pareces al mundo en tu actitud de entrega.
Mi cuerpo de labriego salvaje te socava
y hace saltar el hijo del fondo de la tierra.
....
(Poema Nº 1)

Ah vastedad de pinos, rumor de olas quebrándose,
lento juego de luces, campana solitaria,
crepúsculo cayendo en tus ojos, muñeca,
caracola terrestre, en ti la tierra canta!
....
(Poema Nº 3)

....
Innumerable corazón del viento
latiendo sobre nuestro silencio enamorado.
(Poema Nº 4)

Todo lo que para una inteligencia avizora tiene de emotivo la transitada aventura de amar, pasa por estos versos grandisugerentes, agigantado en la decoración que lo rodea y que lo magnifica en vastas proyecciones.

Versos grandisugerentes, y no grandilocuentes, que es mérito muy encomiable de este poeta chileno la justeza de la expresión, nunca degenerada en bizarría: nada de adjetivos estrepitosos ni de metáforas dislocadas. Vayamos un momento junto a él; oigamos lo que nos dice con mesurada voz, y veremos cómo aquello es cierto:

> *La última luz te envuelve*
> *en su llama mortal.*
>
> *Doliente. Seria. Absorta.*
>
> *Detrás de ti da vueltas*
> *el carroussel de las estrellas.*
>
> *Doliente. Absorta. Muda,*
> *estás diciendo una palabra inmensa.*
>
> *Doliente. Absorta. Pálida.*
>
> *Un racimo de sol*
> *me dice adiós desde tu vestido oscuro.*
>
> *Detrás de ti se aleja*
> *la hélice infinita del crepúsculo.*[3]

La vehemencia de Neruda excede a veces la celeridad de expresión de las palabras. Así es como hay poemas en que las voces secundarias, de simple ligazón, están suprimidas, y los versos son torrentes de palabras medulares que se atropellan, se despeñan, se hieren a veces:

> ....
> *Tú, mujer, qué eras allí, qué raya, qué varilla*
> *de ese abanico inmenso? Estabas lejos como ahora.*
> *Incendio en el bosque! Arde en cruces azules.*

---

3 Eandi cita –correctamente– los textos de Neruda que figuran en la primera edición mencionada en la nota 2. En posteriores ediciones Neruda modificó parcialmente el texto de los poemas.

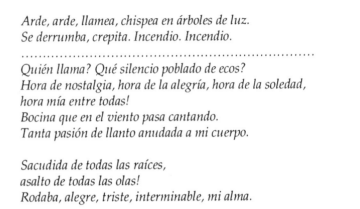

Arde, arde, llamea, chispea en árboles de luz.
Se derrumba, crepita. Incendio. Incendio.
....
Quién llama? Qué silencio poblado de ecos?
Hora de nostalgia, hora de la alegría, hora de la soledad,
hora mía entre todas!
Bocina que en el viento pasa cantando.
Tanta pasión de llanto anudada a mi cuerpo.

Sacudida de todas las raíces,
asalto de todas las olas!
Rodaba, alegre, triste, interminable, mi alma.
....
(Poema Nº 17)

Por ese camino, y cediendo al reclamo de una novedad ya un poco vieja, el poeta ha llegado a la *Tentativa del hombre infinito*[4], poema muy alejado del libro que motiva este comentario.

Neruda magnifica siempre el escenario de su lírica, pero nunca con exceso para su pasión, que es grande, y que se diría arquetípica del infatigable anhelar del hombre enamorado de algo que en ninguna realidad cristalizará jamás. En eso está quizá la honda emotividad de los versos de Neruda: rebasado el aspecto meramente anecdótico, personal, de la sentimental aventura, cobra en sus versos una grandiosidad a veces sombría lo que hay de dramático en esa angustiosa lucha por la superación de lo humano, que es el amor. Leyendo sus poemas nos sentimos un poco dioses malogrados, y entrevemos la posibilidad, ya ida, de lo que nunca hubimos.

_____

4   Pablo Neruda, *Tentativa del hombre infinito*, Nascimento, Santiago de Chile, 1926.

Por el amor el hombre entra en las cosas y vuelve a crear, a su modo, el universo. Por el amor se exalta el espíritu, y se tienden nuevas distancias, en la desesperación de no poder superar las ya conocidas. Todo gran enamorado ensancha para el espíritu los límites del mundo. Neruda es uno de ellos, y parece sentir con amarga delectación el trágico destino del hombre, que crea nuevos enigmas, para engañar su incapacidad de resolver los antiguos. Entonces se exalta el poeta, y su verso es turbulento, precipitado, como si estuviera hecho con palabras afiebradas.

Dice, de sus palabras:

....

El viento de la angustia aún las suele arrastrar.
Huracanes de sueños aún a veces las tumban.
Escuchas otras voces en mi voz dolorida.
Llanto de viejas bocas, sangre de viejas súplicas.

....

(Poema Nº 5)

Siente su destino de esta manera:

....

Cuerpo de mujer mía, persistiré en tu gracia.
Mi sed, mi ansia sin límite, mi camino indeciso!
Oscuros cauces donde la sed eterna sigue,
y la fatiga sigue, y el dolor infinito.

(Poema Nº 1)

Y expresa así la suavidad íntima de un recuerdo:

....

Cielo desde un navío. Campo desde los cerros.
Tu recuerdo es de luz, de humo, de estanque en calma!

Más allá de tus ojos ardían los crepúsculos.
Hojas secas de otoño giraban en tu alma.

(Poema Nº 6)

Después de agitar, en complicidad con grandes símbolos, la total tragedia de su ambición de amor, el hombre y el poeta se aquietan en dulzura de tristeza última, y es el vigésimo poema:

Puedo escribir los versos más tristes esta noche.

Escribir, por ejemplo: "La noche está estrellada,
y tiritan, azules, los astros, a lo lejos".

El viento de la noche gira en el cielo y canta.

Puedo escribir los versos más tristes esta noche.
Yo la quise, y a veces ella también me quiso.

En las noches como ésta la tuve entre mis brazos.
La besé tantas veces bajo el cielo infinito.

Ella me quiso, a veces yo también la quería.
Cómo no haber amado sus grandes ojos fijos.

Puedo escribir los versos más tristes esta noche.
Pensar que no la tengo. Sentir que la he perdido.

Oír la noche inmensa, más inmensa sin ella.
Y el verso cae al alma como al pasto el rocío.

Qué importa que mi amor no pudiera guardarla.
La noche está estrellada y ella no está conmigo.

Eso es todo. A lo lejos alguien canta. A lo lejos.
Mi alma no se contenta con haberla perdido.

Como para acercarla mi mirada la busca.
Mi corazón la busca, y ella no está conmigo.

La misma noche que hace blanquear los mismos árboles.
Nosotros, los de entonces, ya no somos los mismos.

Ya no la quiero, es cierto, pero cuánto la quise.
Mi voz buscaba el viento para tocar su oído.

De otro, será de otro. Como antes de mis besos.
Su voz, su cuerpo claro. Sus ojos infinitos.

Ya no la quiero, es cierto, pero tal vez la quiero.
Es tan corto el amor, y es tan largo el olvido.

Porque en noches como ésta la tuve entre mis brazos,
mi alma no se contenta con haberla perdido.

Aunque éste sea el último dolor que ella me causa,
y éstos sean los últimos versos que yo le escribo.

(Poema Nº 20)

Un análisis de los versos de Neruda no agregaría nada a lo que ellos dicen, ni cuadraría tampoco a su emocionada atmósfera. En este libro Neruda es moderno, pero con recia personalidad: tiene siempre un gesto de gran señor para negarse a condescender con la actitud y con el gesto ajenos. En la selva de todos, abre con dignidad su propia picada, y por ella conduce los poemas de su libro, libro en cuyo elogio puede aun decirse que a las muchas lejanías de nuestra alma viene a agregar una nueva distancia.

Héctor I. Eandi